DIÁRIO PARA ANSIOSOS

Exercícios para aliviar o estresse e eliminar a ansiedade, onde quer que você esteja

CORINNE SWEET

Ilustrações de
Marcia Mihotich

Tradução
Guilherme Bernardo

3ª edição

Rio de Janeiro | 2021

CIP-BRASIL. CATALOGAÇÃO NA PUBLICAÇÃO
SINDICATO NACIONAL DOS EDITORES DE LIVROS, RJ

S978d
3ª ed.

Sweet, Corinne
Diário para ansiosos: exercícios para aliviar o estresse e eliminar a ansiedade, onde quer que você esteja / Corinne Sweet; tradução Guilherme Bernardo. – 3ª ed. – Rio de Janeiro: BestSeller, 2021.

Tradução de: The Anxiety Journal
ISBN 978-85-465-0178-6

1. Ansiedade. 2. Administração do stress. 3. Exercícios terapêuticos. 4. Técnicas de autoajuda. I. Bernardo, Guilherme. II. Título.

19-56054

CDD: 152.46
CDU: 159.942

Leandra Felix da Cruz – Bibliotecária – CRB-7/6135

Texto revisado segundo o novo Acordo Ortográfico da Língua Portuguesa.

Título original:
The Anxiety Journal

Copyright © 2017 by Corinne Sweet
Copyright das ilustrações © 2017 by Marcia Mihotich
Copyright da tradução © 2019 by Editora Best Seller Ltda.

Primeira Publicação em 2017 pela Boxtree e impresso pela Pan MacMillan, uma divisão da MacMillam Publishers Internacional Limited.

Todos os direitos reservados. Proibida a reprodução, no todo ou em parte, sem autorização prévia por escrito da editora, sejam quais forem os meios empregados.

Direitos exclusivos de publicação em língua portuguesa para o Brasil
adquiridos pela
Editora Best Seller Ltda.
Rua Argentina, 171, parte, São Cristóvão
Rio de Janeiro, RJ – 20921-380
que se reserva a propriedade literária desta tradução

Impresso no Brasil

ISBN 978-85-465-0178-6

Seja um leitor preferencial Record.
Cadastre-se no site www.record.com.br e receba informações sobre nossos lançamentos e nossas promoções.

Atendimento e venda direta ao leitor
sac@record.com.br

DIÁRIO PARA ANSIOSOS

Para Johnnie Mckeown, com amor e gratidão.

INTRODUÇÃO

Este livrinho vai ajudá-lo a identificar os sintomas de ansiedade e oferecer ferramentas e técnicas para capacitá-lo a lidar com ela de maneira eficaz. Experimentar algum nível de ansiedade é perfeitamente normal, em alguns casos é até útil. Se você está prestes a fazer uma apresentação importante, faz sentido que se sinta um pouco tenso e agitado. Mas se o estado de ansiedade se torna constante, se você se sente mal por semanas antes de um evento e no dia acaba ficando em casa por estar se sentindo péssimo, é possível que a ansiedade esteja sendo altamente prejudicial. Os conselhos deste livro irão ajudá-lo a manter a ansiedade em um nível saudável e dentro do controle.

A ansiedade existe para nos manter em estado de alerta contra ameaças reais; ela está lá por um motivo, e é parte do que nos faz humanos. No entanto, para algumas pessoas viver com um nível intenso de ansiedade pode ser assustador ou até mesmo representar um risco à vida, e pode levar a um estado insuportável de sofrimento e dor. Da mesma forma, um nível muito baixo de ansiedade pode causar problemas na vida pessoal e profissional. Este livro não vai acabar com a sua ansiedade, mesmo porque ela é uma parte essencial das suas ferramentas emocionais e fisiológicas — ela o mantém vivo. Entretanto, este livro vai ajudar você a identificar, compreender e lidar com a sua ansiedade, para que possa seguir com a vida, da maneira que deseja. Esperamos que *Diário para ansiosos* auxilie você a encontrar um momento de serenidade e paz em sua vida.

COMO É SE SENTIR ANSIOSO?

Pare para refletir sobre o que acontece com você quando se sente ansioso. Você já experimentou algum dos sintomas a seguir? Fique a vontade para circulá-los. É possível que você tenha outros sintomas. Às vezes pode ser que você tenha algum sintoma de forma aleatória, como se surgisse do nada, o que pode ser bastante confuso.

É possível que você sinta:

- inquietação;
- vertigem;
- pânico;
- tremedeira;
- dormência;
- irritabilidade;
- frio, calafrios, arrepios;
- hipervigilância;
- vontade de se ferir, ou até mesmo pensamentos suicidas.

Você também pode sentir:

- incapacidade de falar;
- pensamentos aleatórios e fugazes;
- pensamentos repetitivos dos quais não consegue se desligar;
- insônia;
- vontade de dormir durante o dia;
- falta de ar;
- tremores;
- dificuldade para respirar ou aperto no peito;
- coração acelerado;
- boca seca;
- bruxismo;
- suor excessivo nas mãos;
- dormência nos pés ou nas mãos;
- pele sensível;
- dores de cabeça ou enxaqueca;
- náusea;
- vômito;
- dificuldade para relaxar;
- dificuldade para ficar parado;
- desejo excessivo de roer unhas ou de morder os lábios, espremer espinhas e cravos ou coçar a pele;
- alta sensibilidade à luz ou ao calor.

"A vida irrefletida não é digna de ser vivida."

Sócrates

O QUE OS SEUS SINTOMAS DE ANSIEDADE DIZEM A VOCÊ?

Os sintomas de ansiedade são a maneira que o corpo tem de avisar que você deve tomar cuidado. Sejam lá quais forem os seus sintomas, ou a ordem em que eles aparecem, eles sinalizam uma possível ameaça. Então, o que você deve fazer se sentir algum deles?

- Perceba-os
- Escute-os
- Verifique se a ameaça é real ou não
- Tome uma atitude positiva a respeito

Você não precisa viver a mercê da sua ansiedade, e este livrinho vai ajudar você nisso.

"Não é porque as coisas são difíceis que nós não ousamos; é justamente porque não ousamos que elas são difíceis."

Sêneca

A EPIDEMIA DE ANSIEDADE

Vivemos uma era de estresse intenso. Ele está em toda parte. A vida se torna cada dia mais corrida, e por isso parece que os níveis de estresse só aumentam. Os seres humanos conseguem suportar um certo nível de estresse até que ele se transforme em ansiedade. Por isso, é essencial que você seja capaz de identificar os sinais do seu corpo e conheça os seus gatilhos.

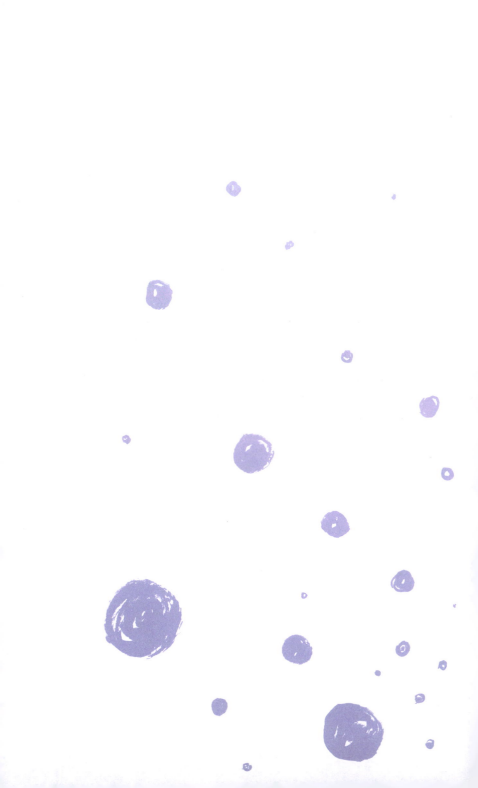

A ERA DIGITAL

Pin. Bip. Brrrr. Estamos conectados aos nossos dispositivos eletrônicos o tempo todo. O estresse muitas vezes é causado pelo uso de redes sociais, que despertam em muitas pessoas a sensação de que não estão aproveitando a vida se não estiverem saindo para se divertir todos os dias, se não tiverem o corpo perfeito, uma vida amorosa incrível ou uma carreira bem-sucedida...

É muito comum se sentir inferior depois de olhar o Facebook, Instagram, Snapchat ou LinkedIn, o que só aumenta a ansiedade.

Pesquisas recentes mostraram que mais de 55% das pessoas têm reações negativas ao ver fotos de outras na internet, pois elas despertam sentimentos de ciúme, inveja, baixa autoestima e competitividade. Espera-se que sejamos capazes de estar atualizados sobre os últimos virais da internet e em dia com as notícias do mundo. Somos expostos o tempo todo a notícias sobre mortes e sobre catástrofes, e tudo isso aumenta nosso nível de ansiedade.

DESLIGAR

TOME AS RÉDEAS

Lembre-se de que você pode desligar seus eletrônicos. Você pode dar um tempo. Dê uma pausa para desacelerar o ritmo das coisas. Pare de tuitar, pare de atualizar o feed.

Você pode fazer isso sempre que quiser.

Dê uma "pausa digital" de uma hora, ou, ainda melhor, de meio dia. Desligue seus aparelhos eletrônicos e volte a sua atenção para as pessoas no seu momento presente: seus amigos, colegas, sua família, seus vizinhos, seu gato ou seu cachorro — todos que estão com você, o tempo todo, em tempo real, na sua vida.

ACEITAÇÃO

Como agimos em face da epidemia de ansiedade é algo essencial para aprendermos a lidar com a nossa vida e com as nossas reações à pressão do dia a dia. Aceite que a pressão é uma realidade — ela não desaparece sozinha. Na verdade, ela provavelmente vai aumentar conforme a vida for ficando mais intensa e mais cheia de cobranças — e é por isso você precisa encontrar uma nova maneira de lidar com essas situações para se manter calmo e são.

Experimento: fique meio dia, ou um dia inteiro, sem ouvir as notícias ou ler o jornal, ou atualizar o feed. Faça uma pausa: preste atenção no céu, nas cores da sua rua, nos animais. Tente se dessintonizar por um tempo, e observe como se sente depois disso.

CERQUE-SE DE AFETO

A ansiedade é contagiosa, principalmente, se você já estiver em uma situação de vulnerabilidade.

Tente o seguinte:

Pare por um momento. Feche os olhos e pense numa pessoa — um amigo ou o seu parceiro, por exemplo.

Você tem um sentimento de animação e afeto quando pensa neles? Ou um sentimento triste e frio? Preste atenção a suas reações. Se elas forem frias ou pesadas, limite seu contato com essa pessoa, mesmo que se trate de alguém com quem você se importa. É importante aprender a perceber como você é afetado pelas pessoas ao seu redor — e a se proteger, de forma consciente. Se você sente que sua relação com alguém está esgotada, então é provável que esteja mesmo.

Você realmente quer dominar sua ansiedade? Mesmo que para isso seja necessário mudar os seus hábitos, desafiar o seu modo de pensar, de se comportar e de reagir? Ou até mesmo mudar seu círculo de amigos e de contatos?

Um exercício simples e relaxante

Encontre um lugar tranquilo na sua casa ou no trabalho onde você possa se sentar e ficar confortável e sozinho por cinco minutos.

Feche os olhos, inspire profundamente e expire.

Perceba onde há tensão em seu corpo: na barriga, nas costas, no pescoço, na cabeça, na mandíbula... Onde?

Apenas perceba, inspire profundamente e expire, cinco vezes.

Direcione a respiração para as áreas onde está concentrada a tensão, e imagine que essas áreas estão derretendo, como manteiga amolecida ou marshmallows sobre o fogo...

Então, abra os olhos, se espreguice como um gato, e siga com o seu dia.

GATILHOS

Todos nós temos gatilhos que despertam ansiedade. Você pode considerá-los botões de aviso para tomar cuidado — que uma vez pressionados, podem liberar estresse.

Muitas vezes imaginamos que as coisas são mais assustadoras ou perigosas do que na realidade são, geralmente por conta de experiências passadas que tivemos, e somos influenciados por esses gatilhos sem necessidade.

Preste atenção nos lugares em que você se sente ansioso — isso ocorre quando você anda sozinho à noite em uma rua escura? Quando fica preso no trânsito? Quando fica sozinho em casa?

As coisas em geral são menos graves do que parecem, mas nos chateamos porque deixamos o medo tomar conta, motivados pelas nossas crenças.

Quando se sentir ansioso, pergunte-se: eu realmente estou em perigo, ou apenas acho que estou?

Dedique um momento para pensar nos seus gatilhos:

O que desperta sua ansiedade?

Você consegue identificar algum padrão?

Você consegue identificar os sintomas iniciais?

Vamos explorar os gatilhos mais adiante, mas, agora, apenas tente perceber o que vem à mente.

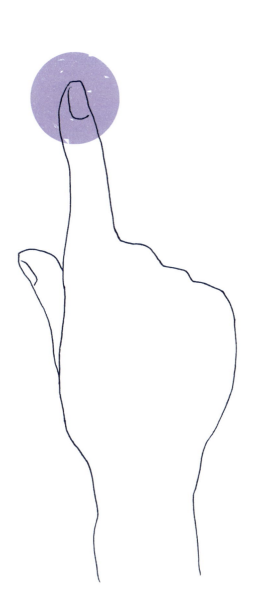

"A maior descoberta da minha geração foi que um ser humano pode mudar sua vida ao mudar seu modo de pensar e agir."

William James

QUE HÁ NUM SIMPLES NOME?

As palavras associadas à ansiedade e às pessoas ansiosas costumam ser bastante pejorativas. A sociedade valoriza pessoas por serem "corajosas", "fortes" ou capazes de "superar", e tem a tendência de menosprezar aqueles que demonstram medo ou vulnerabilidade.

As mulheres costumam ser estereotipadas como mais fracas, por isso, o rótulo de ser "uma garota" ou "menininha" acaba por fazê-las se sentirem culpadas por estarem com medo ou se mostrarem ansiosas a respeito de alguma coisa (isso sem mencionar o hábito sexista de tentar ofender homens os associando a comportamentos supostamente femininos).

Se você se mostrar ansioso, ou falar abertamente de sua ansiedade, é possível que as pessoas façam uma série de suposições sobre o tipo de pessoa que você é. Essas suposições são, geralmente, negativas. Sem dúvida você já sabe que viver com ansiedade pode ser difícil, mas pense no seguinte: as pessoas que sofrem de ansiedade costumam ser agraciadas com traços de personalidade que pessoas não ansiosas costumam não possuir. Elas costumam ser mais sensíveis, criativas, atenciosas e intuitivas, e contribuem muito para o mundo. Artistas, escritores, compositores, psicólogos, terapeutas, curandeiros, médicos e muitos outros em geral são perspicazes e atentos, e o que muita gente chamaria de "ansiosos"... Não é algo ruim.

A ALQUIMIA DA ANSIEDADE

A ansiedade tende a ser descrita de forma negativa e até mesmo pejorativa, mas esses rótulos são inúteis e pessimistas. É impossível ignorar o fato de que a ansiedade crônica é algo extremamente difícil de se conviver, mas é importante não deixar que ela prejudique a sua autoestima.

Como as descrições negativas abaixo podem ser transformadas em características positivas? Pense na sua personalidade, na sua ansiedade, e adicione descrições que se apliquem a você.

Por exemplo:

Preocupado > Atento a detalhes
Hiperativo > Bem-disposto
Temeroso > Cuidadoso

Agora é sua vez. Pense nas palavras que as pessoas utilizam para descrever os sintomas da sua ansiedade e transforme-as em características positivas.

Tente implantar esse ponto de vista otimista no seu dia a dia tanto quanto for possível, sejam as atitudes dos outros ou as suas que estejam deixando você para baixo.

Palavras de ansiedade...

"O ser humano se transforma de acordo com o que pensa. Somos frutos da nossas obras."

Miguel de Cervantes

EXERCÍCIO DE 5 MINUTOS PARA DESESTRESSAR

Ajuste um alarme para o tempo de cinco minutos.

Sente confortavelmente em um lugar tranquilo e preste atenção aos seus sentimentos.

Feche os olhos e visualize-os como bolinhas de pingue-pongue ou squash, saindo das paredes. Observe-as saltitando ao seu redor, mudando de um assunto para o outro...

Concentre-se na sua respiração. Inspire e expire, e fique atento aos seus pensamentos, mas não os siga, deixe-os ir embora. Deixe-os saltitar para fora do seu campo de visão, para fora do cômodo, e não dê atenção a eles.

Continue a respirar e perceba enquanto seu abdome e seu peito se elevam quando você inspira e baixam quando você expira.

Pense "elevando" ao inspirar, e "baixando" ao expirar.

Quando o alarme tocar, abra os olhos lentamente. Perceba onde você está.

Respire e perceba que você está se sentindo menos estressado agora.

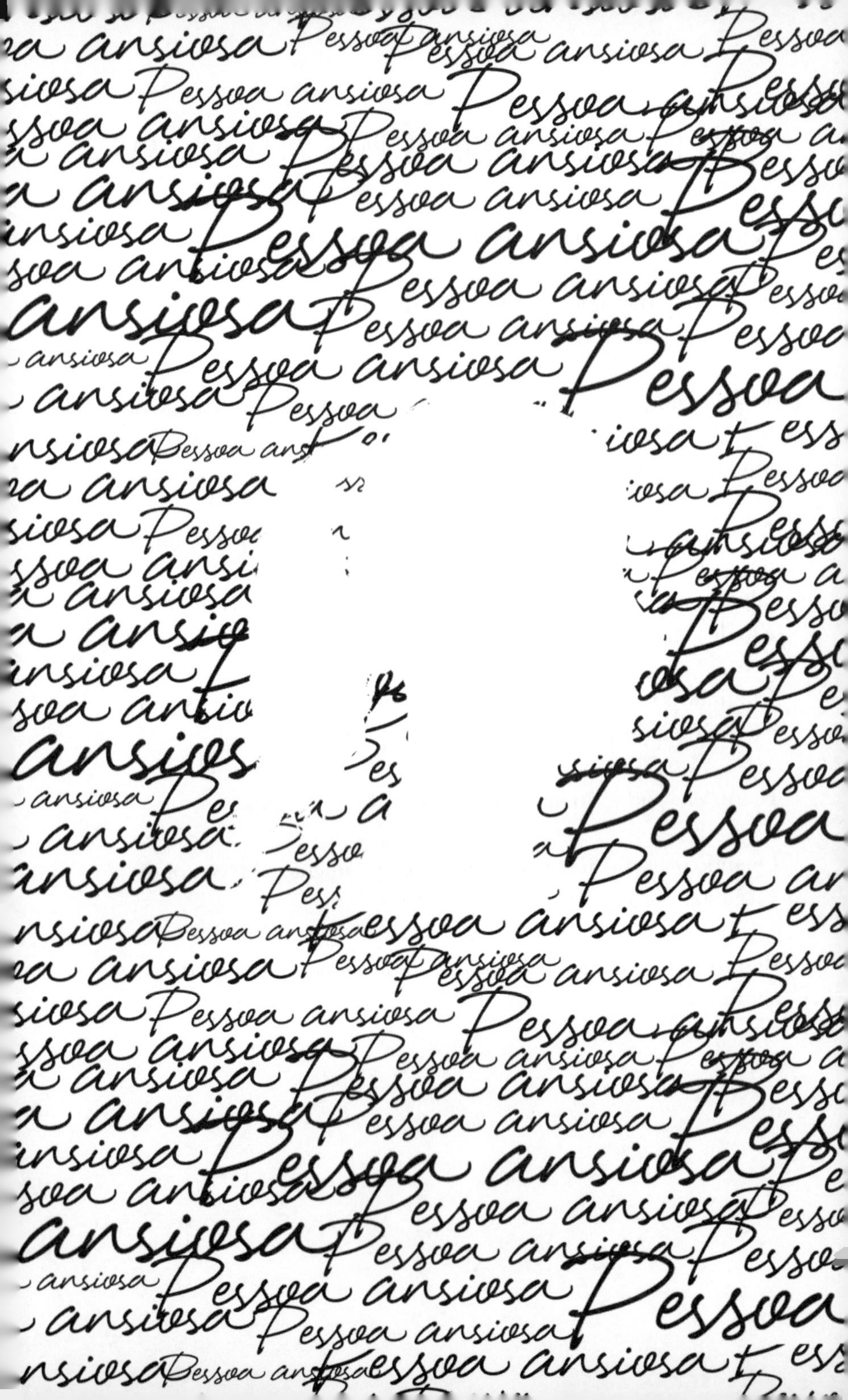
Pessoa ansiosa

SEPARE AS PESSOAS DE SEUS PADRÕES

É importante separar as pessoas de seus padrões de comportamento. E isso também se aplica a você.

Não pense "Ela é ansiosa", e descarte todo o resto da personalidade dela. Em vez disso, pense: "Susie sofre de ansiedade, mas ela é uma ótima amiga/cozinheira/dançarina."

Faça o mesmo por você: não se rotule como uma pessoa "ansiosa" e, portanto, inútil. Separe seus sintomas de quem você é — você é muito mais capaz do que imagina.

Antes de tudo você é uma pessoa, e o fato de que tem padrões de comportamento é um fato secundário.

ESTRESSE BOM E ESTRESSE RUIM

O estresse bom é a quantidade certa de energia e atenção de que você precisa para dar conta dos seus afazeres. Você sente uma carga de adrenalina e, pronto, termina a tarefa no prazo. O estresse bom pode auxiliar na sua produtividade e nas suas conquistas.

O estresse ruim ocorre quando você se sente sobrecarregado. Quando tem muitas demandas conflitantes ao mesmo tempo. O estresse ruim causa a sensação de atordoamento e é capaz de fazê-lo adoecer. O estresse ruim por fim resulta no sentimento de fracasso.

Todos precisamos aprender a diferenciar o estresse bom do ruim em nossas vidas, e a enfatizar e a desenvolver as partes boas, enquanto eliminamos as ruins.

O estresse existe. Ele está aí para ficar. Ele é endêmico. O estresse é a vida. É como o prevemos, resolvemos a situação e transformamos o seu sentido que faz toda a diferença.

"Você não pode parar as ondas, mas pode aprender a surfar."

Jon Kabat-Zinn

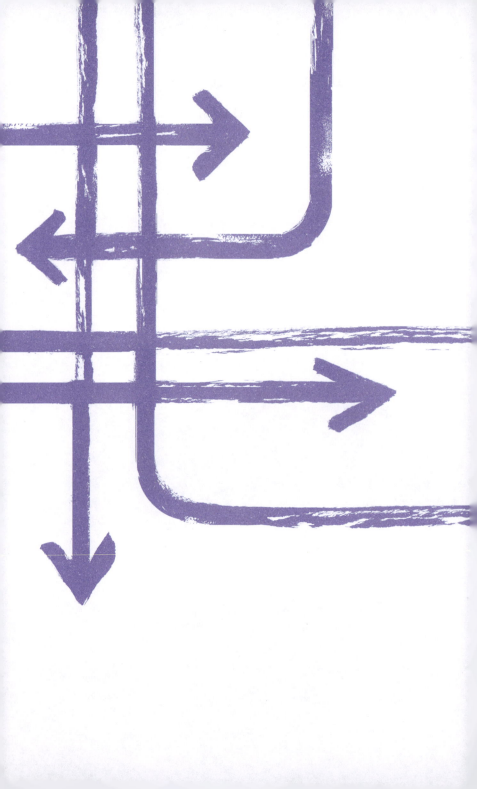

Pessoas ansiosas constantemente se perguntam "e se". "E se eu pegar a rodovia e bater com o carro?", "E se...".

MINDSETS DE ANSIEDADE

Se você tem um mindset de ansiedade, você com frequência rumina sobre os assuntos, pensando sobre o futuro, avaliando o passado, constantemente analisando, se preocupando, ou incomodado com os menores problemas que aconteceram ou podem vir a acontecer. É exaustivo, e nada produtivo.

Pessoas propensas à ansiedade costumam se perguntar "e se". "E se eu pegar a rodovia e bater com o carro?", "E se chover e eu me molhar? Eu posso pegar pneumonia e morrer", "E se eu disser alguma burrice?". Esse tipo de ansiedade é motivado principalmente pelo medo do desconhecido, de arriscar, de nos sentirmos despreparados ou incapazes de lidarmos com o que não sabemos.

Outra frase comum é "se eu tivesse...". "Se nós tivéssemos acordado mais cedo, não teríamos nos atrasado", ou "Se eu tivesse um milhão de reais, não me preocuparia com dinheiro", "Se eu não tivesse comido aquele bolo, eu não teria passado mal/engordado". Esse tipo de ansiedade é permeado por arrependimento, e costuma mascarar sentimentos de raiva e ressentimento.

O terceiro mindset de ansiedade é o "deveria, poderia, teria". Esse tipo de mindset de ansiedade tem a ver com o que você deveria ter feito, o que poderia ter acontecido e o que teria conseguido como consequência. Esse é o pior tipo de mindset negativo, porque é uma maneira de se culpar pelo passado, pelo presente e pelo futuro.

Esse mindset suga uma enorme quantidade de energia, e pode se tornar bastante obsessivo, porque nos preocupamos, tentando em vão reescrever o passado. "Eu deveria ter acordado cedo, e aí teríamos conseguido pegar o trem e nós teríamos visto a rainha... Isso estragou o dia, arruinou as nossas férias." Deveria, poderia, teria também pode ser um modo passivo-agressivo de culpar os outros. De uma forma ou de outra, ele em geral apaga qualquer traço de pensamento positivo, pois você fica focado em tentar mudar o passado e o futuro, sem conseguir viver no presente.

DEIXANDO O MINDSET DE ANSIEDADE PARA TRÁS

O mindset de ansiedade é particularmente comum se você cresceu com pais ou cuidadores ansiosos, teve muitos traumas ao longo da vida, teve experiências negativas sem receber o apoio adequado. Ou talvez seja algo que faz parte da sua constituição. Mas você pode acabar gastando muito da sua energia se preocupando com as coisas antes de elas acontecerem.

Isso pode torná-lo infeliz, além de deixar as outras pessoas exaustas e incomodadas. Também acaba sendo um péssimo hábito, que pode ser abandonado. É algo que você pode aprender a dominar, se esse for o seu desejo. A resposta está em aprender a identificar quando você começar a entrar em um caminho de ansiedade.

Pense na sua personalidade. Você é um "e se", "se eu tivesse" ou "deveria, poderia, teria"? É possível que você seja os três. Tente perceber da próxima vez que você embarcar nesse tipo de pensamento. Não se culpe. Em vez disso, tente perceber quando você agir dessa maneira.

Perceba-se.

Então, gentilmente se corrija e de forma gradual você vai aprender a cortar o mal pela raiz e conseguirá se acalmar antes que a coisa saia do controle.

A resposta está em desaprender um hábito ruim.

E substituí-lo por um novo, para que você possa deixar o mindset de ansiedade para trás.

"O segredo da vida é o equilíbrio, e a ausência de equilíbrio é a sua ruína."

Hazrat Inayat Khan

A ESPIRAL DE ANSIEDADE

A ansiedade pode sair de controle com muita facilidade. Quando você se sente ansioso por uma coisa, todo o resto passa a incomodar também, tornando mais fácil cair em uma espiral que resulta em um turbilhão de ansiedade, no qual você se preocupa a respeito de toda e qualquer coisa. Com muita frequência isso ocorre à noite.

Concluindo, a espiral de ansiedade é um hábito importante para desaprender.

ESCADA EM ESPIRAL

Imagine que você está em uma escada em espiral, descendo, descendo, descendo em direção à escuridão. Você não está gostando. No meio do caminho sente vontade de voltar, mas não pode subir, e não quer descer ainda mais.

Alguém joga uma corda para você. Você pega e é içado, para a luz e para o ar fresco. Liberdade.

Essa é uma imagem mental muito útil que você pode usar a fim de parar de se sentir ansioso.

Você precisa perceber quando estiver descendo as escadas e dar um passo em direção à mudança, segurar-se na corda e subir, encontrando um novo significado para a sua vida e para sua força interior.

Impeça-se de afundar, cada vez mais. Decida parar, reavaliar e não ir em direção a esse lugar. Se você está tendo dificuldade para controlar seus padrões mentais, tente um dos exercícios de relaxamento deste livro para se distrair.

É importante lembrar que você pode decidir mudar de humor — você tem uma opção.

FOBIA SOCIAL

Algumas pessoas se sentem excessivamente ansiosas quando vão conhecer pessoas novas ou quando precisam se expor a eventos sociais. Você não está sozinho nessa. A maioria das pessoas sente algum nível de timidez ou desconforto ao conhecer gente nova. É natural. No entanto, às vezes esses sentimentos se tornam excessivos e acabam nos impedindo de ter uma vida plena.

A fobia social com frequência ocorre por termos sido machucados por pessoas no passado, talvez por termos sido provocados ou sofrido bullying. É importante se esforçar para compreender o que o tornou tímido com outras pessoas, para que, assim, você possa fazer algo a respeito.

Algumas pessoas têm uma personalidade mais propensa a achar o contato físico difícil, talvez estejam no espectro autista (algo que pode ser diagnosticado — veja a seção "Ajuda"). Para muitos, isso pode ser resumido pela sensação de inadequação ou baixa autoestima: uma crença de que ninguém vai falar com você ou que, se alguém falar, vai achá-lo desinteressante, ou que você não vai conseguir pensar em nada para dizer. Pode ser também que você se sinta inseguro e estranho, incapaz de se sentir confortável em sua própria pele.

Se você tem fobia social, pode acabar tomando decisões baseadas em não ter que interagir com outras pessoas. É possível que você evite ir a festas ou sair para tomar um drinque com amigos. Ou talvez você não se candidate para uma vaga de trabalho por medo de estragar tudo na entrevista. Relacionamentos amorosos então parecem fora de cogitação.

Com frequência, pessoas que têm ansiedade social se sentem mais seguras on-line. Esse é um ótimo começo, mas o contato físico, cara a cara, proporciona muito mais, principalmente a longo prazo.

A boa notícia é que a fobia social, mais do que nunca, está em evidência. Você não precisa esconder seus sentimentos ansiosos, pode admitir que se sente tímido ou desconfortável. Isso pode até mesmo ser algo cativante, já que faz com que as outras pessoas se sintam mais à vontade com os próprios sentimentos de timidez.

"Sua ansiedade e seus medos não são você... eles não precisam controlar a sua vida."

Jon Kabat-Zinn

O PARADOXO DA MUDANÇA

Sentir-se ansioso está intrinsecamente ligado ao nosso instinto de sobrevivência, por isso, pode ser difícil imaginar-se deixando de lado esse comportamento. No entanto, sentir-se preocupado, ansioso, em pânico e nervoso o tempo todo pode acabar tornando você infeliz.

Alguns clientes me dizem: "Quero ser menos ansioso."

Ao que eu respondo: "O que você gostaria de fazer para mudar sua ansiedade?"

E a reação costuma ser "Mas eu odeio mudança", quando o que realmente querem dizer é "Eu quero mudar... desde que não tenha que mudar nada".

Chamo isso de paradoxo da mudança. Se você quer se sentir menos ansioso, se quer parar de se sentir irritado e refém de seus medos, vai precisar tomar a decisão de mudar ativamente seu comportamento e seus processos mentais.

Mudar envolve fazer algo diferente, corrigir hábitos, desenvolver novas maneiras de pensar e criar um novo jeito de ser. Tem a ver com segurar a sua própria mão enquanto faz algo de que tem medo. Essas não são soluções rápidas, e é possível que seja necessário fazer alguns sacrifícios.

Faça uma pausa e analise com sinceridade se o paradoxo da mudança é uma realidade na sua vida. Você coloca empecilhos para a sua mudança? Você se sabota? Você se cobra demais?

SEGURE FIRME

Segure a sua mão, formando um gancho.

Sinta o quando as suas mãos são firmes juntas. Sinta a sua força. Você está em sua companhia.

Real e confiável. Você é o suficiente, dentro de você, para se apoiar.

Se há algo que você quer mudar, você é capaz de fazê-lo. Só precisa enxergar que tem a força de que precisa dentro de você.

Segure a sua própria mão e você vai se sentir capaz.

Aqui. Agora.

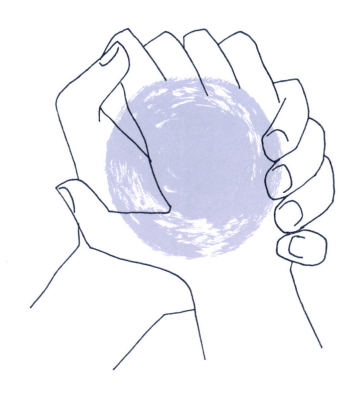

MEDO DE MUDAR

Você tem medo do que aconteceria se deixasse de se preocupar?

Às vezes as pessoas falam da própria ansiedade como se estivessem falando de um melhor amigo. Algo de que não querem se separar. "Eu sou assim", é uma afirmação comum ou "Sou uma pessoa nervosa, é a minha personalidade". É verdade que somos todos únicos, com peculiaridades, mas às vezes abraçar a mudança pode parecer uma ameaça.

Lembre-se: mesmo que você tenha feito mudanças drásticas na sua vida para combater a ansiedade, você sempre será você... Mas você pode ser uma versão mais calma de si mesmo, mais capaz de funcionar em meio a uma crise, de lidar com o desconhecido, e menos limitado e exausto pelo medo.

Você só vai aprender a dominar e superar seu paradoxo da mudança (se tiver um) quando decidir mudar por sua causa.

Faça uma promessa a si mesmo, aqui, agora, de que vai mudar.

"Considerando o quanto tudo é perigoso, nada é realmente tão assustador."

Gertrude Stein

PARA QUE SERVE A ANSIEDADE?

Somos constituídos de complexas reações neurofisiológicas a situações de perigo. Quando estamos sob ameaça, nosso sistema nervoso autônomo entra em ação. Os hormônios do sistema endócrino são liberados e o coração trabalha mais rapidamente, batendo para oxigenar o sangue. Nossos rins secretam adrenalina e cortisol na corrente sanguínea para que os músculos trabalhem mais rapidamente e para que os membros possam suportar mais esforço por mais tempo. Antes mesmo que tenhamos a chance de pensar, reagimos de uma dessas três maneiras:

- lutar;
- fugir ou
- congelar.

Essas reações fisiológicas podem nos fazer sentir mais fortes, mais capazes de lutar ou de fugir. Outra reação possível é prender a respiração e congelar. Nesse caso, nossa mente fica a mil, acelerada pela adrenalina e pelo cortisol, mas estamos tão estimulados ou assustados que o tempo parece passar mais devagar, ou até mesmo parar, conforme tensionamos todos os músculos a fim de ficarmos parados.

Como foi com você? Você já se sentiu ameaçado ou em perigo? Como seu corpo reagiu? E a sua mente? O que você fez? Como se sentiu depois?

Notas

Notas

"Só nos curamos de um sofrimento após vivenciá-lo por completo."

Marcel Proust

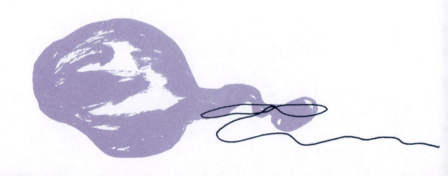

APÓS UM EPISÓDIO DE ANSIEDADE

Após experimentar as reações "lutar, fugir ou congelar" ao se deparar com uma possível ameaça ou um perigo real, geralmente ocorre uma "ressaca". Nesse momento o corpo precisa processar todas as reações bioquímicas ao perigo, e o cérebro lida com o que acabou de acontecer.

Pode haver uma sobrecarga de substâncias químicas no corpo, o que significa que ele precisa se ajustar até voltar ao normal, e isso pode resultar nas consequências de um episódio ansiedade. Elas se manifestam de diversas maneiras, como agitação, suor, insônia ou muito sono, falta ou excesso de apetite, irritabilidade ou isolamento.

Suas respostas fisiológicas ou emocionais dependem de quanto tempo a ameaça durou. Tenha sido ela breve (como ser ameaçado na rua) ou prolongada (como estar em um relacionamento abusivo), e tenha ela sido evitada ou vivida.

É preciso se lembrar de que tudo que sobe precisa descer. Mesmo tendo medo e sentindo as consequências, você vai se sentir melhor depois.

TUDO VAI FICAR BEM

Uma maneira de se lembrar disso, mesmo em meio à agitação, é fechar os olhos, brevemente, e pensar em um objeto positivo e inofensivo: uma flor, seu filho, uma praia, uma árvore, uma caminhada agradável, o por do sol.

Respire, imaginando essa imagem.

Tudo vai ficar bem, respire, relaxe.

SONHOS

Após um episódio de ansiedade pode ser que você fique com o sono agitado ou tenha pesadelos. Você pode ter sudorese noturna e sonhos recorrentes enquanto seu cérebro tenta processar o medo.

Pode ser que tenha um sonho envolvendo ansiedade um dia antes de uma entrevista de emprego, um primeiro encontro, ou uma mudança de casa. Ou talvez isso ocorra após um evento que lhe causou medo. Os sonhos são a maneira como a nossa mente processa essa experiência e dá sentido às emoções que surgiram.

Você pode achar uma boa ideia manter um diário de sonhos para monitorar como está lidando com o medo — o processo está sendo consciente ou não?

Se você acordar ansioso à noite, use o gravador do celular para registrar o que está pensando, pois uma forma de diminuir o medo é falar em voz alta.

Escrever os seus medos, ou dizê-los em voz alta pode ajudá-lo a pegar no sono novamente.

"Nossa ansiedade não vem de pensar no futuro, mas de querer controlá-lo."

Kahlil Gibran

TRAUMA

Se você presenciou ou viveu abuso físico, emocional ou sexual, luto, catástrofes ou crimes, um acidente ou um ferimento grave, é possível que experimente um alto nível de ansiedade que permanece por algum tempo, se desenvolvendo para um trauma.

Uma pessoa traumatizada revive emocionalmente o acontecimento terrível de novo e de novo na tentativa de dar sentido a ele, e há muitos sintomas que acompanham esse processo. Um grande sintoma do trauma é um alto nível de ansiedade, que pode se tornar crônico com o tempo.

Reflita se um trauma do passado pode estar contribuindo para a sua ansiedade.

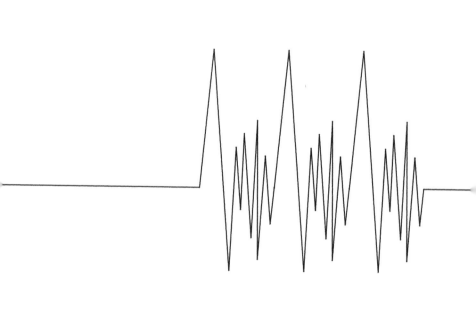

ALIVIANDO UM TRAUMA

Deite-se ou sente-se confortavelmente. Ajuste um alarme para dez minutos.

Feche os olhos. Inspire e expire três vezes, devagar e profundamente.

Conduza sua mente para um lugar bonito e tranquilo no qual você já esteve, como um jardim ou uma praia.

Imagine-se andando pelo jardim, olhando para as flores; ou andando por uma praia, os dedos afundando na areia. Enquanto caminha, preste atenção nas flores, nas cores; ou no mar, no céu e em suas cores. Imagine-se andando e se acalmando enquanto caminha. Com o sol tocando a sua pele, absorvendo a beleza da paisagem.

Continue caminhando em sua mente, e continue a respirar, lenta e profundamente.

Siga acompanhando a sua mente por essa paisagem bela e segura.

Quando o alarme soar, abra os olhos lentamente.

ANSIEDADE CRÔNICA

A ansiedade crônica ocorre quando você se sente incapaz de quebrar o ciclo de medo e vê perigo em todos os lugares. É como um botão vermelho de alerta emperrado na função "ligar", fazendo com que seus rins, seu coração e seus outros órgãos liberem compostos bioquímicos para combater a ameaça, seja ela real ou imaginária, colocando seu cérebro e seu corpo sob estresse constante.

É importante não subestimar o efeito que a ansiedade crônica pode ter em nossa saúde, tanto a curto prazo (dificuldade para respirar, asma, síndrome da fadiga crônica) quanto a longo prazo (síndrome da fadiga crônica, insuficiência cardíaca, falência renal, câncer).

A ansiedade crônica pode resultar em tendências obsessivas ou em transtorno obsessivo compulsivo (TOC), que pode prejudicar seriamente o seu dia a dia. É possível que você sinta medo de sair de casa (agorafobia), de lugares fechados (claustrofobia) ou de altura (vertigem).

Além disso, se seus pensamentos ou sentimentos dominarem você por tempo demais e se essa sensação for acompanhada de falta de sono, pode ser tentador pensar em suicídio ou automutilação para obter alguma paz de espírito, controle da situação ou alívio.

É muito importante não tentar "suportar" a ansiedade, mas sim tomar uma atitude a respeito ao menor sintoma.

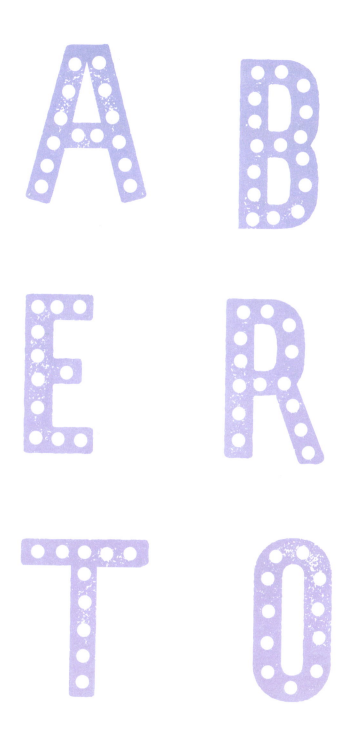

A AJUDA ESTÁ AO SEU ALCANCE

Não há vergonha alguma em pedir ajuda. Compartilhe seus medos com alguém em quem você confia, como um amigo, com um médico ou com alguém da família. É perfeitamente possível abrandar a ansiedade crônica, mas isso requer esforço. Peça ajuda. Coloque-se em primeiro lugar. Você não está sozinho.

É especialmente importante procurar ajuda profissional se você estiver sofrendo com a ansiedade crônica. Se esse for o caso, por favor, consulte os recursos no fim deste livro para obter ajuda.

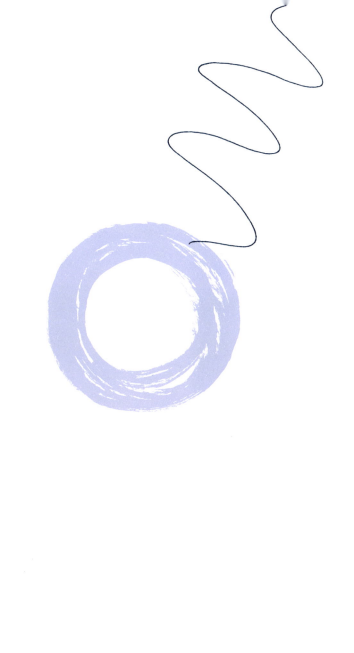

"Sejamos gratos às pessoas que nos fazem felizes, pois elas são encantadores jardineiros que fazem nossas almas florescerem."

Marcel Proust

CONSULTE-SE COM UM MÉDICO E/OU TERAPEUTA

Se você tem sintomas físicos ou passa por mudanças fisiológicas que estão preocupando você, marque uma consulta com um médico ou com um terapeuta alternativo. Ir a um médico costuma proporcionar no paciente um "choque de realidade". Pode ser que você sinta que um terapeuta alternativo está mais aberto a entender os aspectos psicológicos dos seus sintomas físicos, pois eles são treinados para examinar os pacientes de forma "holística", a fim de levar em consideração seu estado emocional assim como seu bem-estar físico.

Se você está se sentindo ansioso, teme estar doente, pode ser que sofra de hipocondria, uma condição que tem como base a ansiedade. Você deve procurar ajuda psicológica para lidar com esse problema, e recorrer à terapia também é uma boa opção.

Você pode se sentir melhor com o auxílio de terapias alternativas. Acupuntura, Do-in, reiki e reflexologia são apenas alguns exemplos de terapias que você pode testar.

Não é vergonha procurar um psicólogo. Todos precisamos conversar com alguém tendo a certeza da confidencialidade de vez em quando, e conversar pode ajudar a aliviar a ansiedade e o estresse do corpo.

Lembre-se de que na China os médicos de pés descalços são pagos para manter as pessoas bem, não para curá-las quando estão doentes. É um grande contraste com a medicina ocidental: precisamos investir mais em nosso bem, não em nossas doenças, e só você é capaz de ter esse controle.

"Aquilo que não me mata me fortalece."

Friedrich Nietzsche

TRAUMA SECUNDÁRIO

Há um crescente número de evidências psicológicas, fisiológicas e científicas de que nosso estilo de vida agitado e cheio de pressões 24 horas por dia está nos fazendo muito mal. Não menos importante, a constante saturação de conteúdos a que somos expostos pelos meios de comunicação e pelas redes sociais faz com que muitos de nós nunca "desliguemos" completamente.

Notícias perturbadoras como bombardeios, guerras, assassinatos, acidentes, desastres naturais e muito mais aumentam nossos níveis de ansiedade. De certa forma muitos de nós passam por um "trauma secundário", pois, mesmo não estando próximos ao acontecimento, nossa ansiedade é despertada, resultando em respostas "lutar, fugir, congelar" e em potencial ansiedade crônica.

A saturação da mídia faz com que muitos de nós sintam, compreensivelmente, que o mundo não é um lugar seguro, que há perigo a cada esquina e que estamos sob constante ameaça, simplesmente porque vemos esse tipo de notícia o tempo todo nos meios de comunicação.

Na verdade, a maioria dos especialistas acredita que estamos mais seguros do que nunca, apesar do que as notícias nos fazem acreditar. Há menos guerras, menos assassinatos e mais segurança. O que ocorre é que os acontecimentos são mais noticiados, tornando nossos sentidos mais sobrecarregados, criando um sentimento maior e crescente de ameaça.

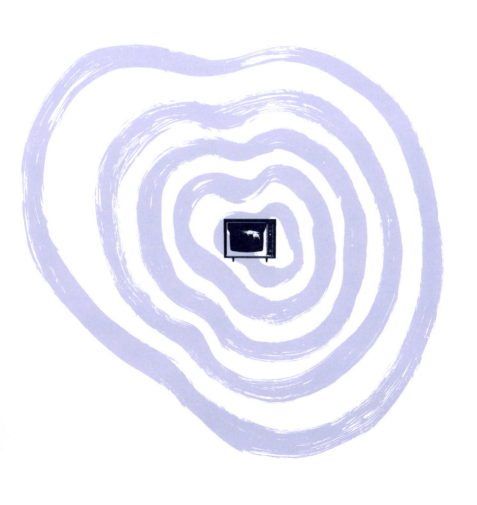

BOAS NOTÍCIAS

Pegue um jornal ou vá até seu site de notícias preferido. Quantas notícias positivas você consegue encontrar? Anote-as. Agora anote todas as coisas boas que você vir ou ouvir que acontecerem no dia de hoje, seja algo pequeno como alguém fazendo gracinhas para uma criança no ônibus ou talvez algo maior: o nascimento do bebê de um colega de trabalho ou um prêmio concedido a um herói local. Tenho certeza de que faltará espaço no papel para escrever.

Notícias boas

"As maiores tristezas são aquelas que causamos a nós mesmos."

Sófocles

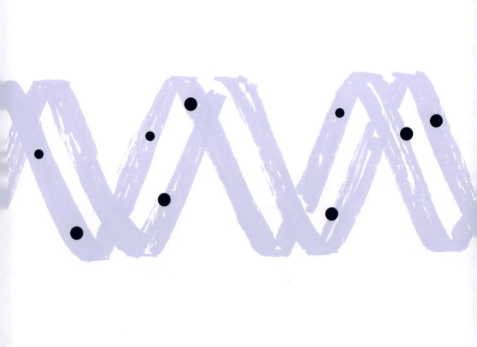

TRANSTORNO DE ANSIEDADE GENERALIZADA

Transtorno de ansiedade generalizada (TAG) é o termo clínico para um distúrbio que faz com que a pessoa se sinta ansiosa a respeito de diversos problemas e situações, e não de um evento (traumático ou não) específico.

Quão ansioso você se sente é algo que se baseia em três características principais. Em primeiro lugar, seus genes e o DNA (natureza). Você pode pertencer a uma família mais reativa a estímulos (já que nem todos os seres humanos são iguais).

Em segundo lugar, a ansiedade pode ser adquirida (criação). Se seus pais ou familiares se mostravam altamente sensíveis a certas coisas, é possível que isso tenha causado um impacto em você. Talvez você se sinta ameaçado em circunstâncias similares. Esses padrões de ansiedade podem ser passados adiante.

Em terceiro lugar, suas reações são influenciadas pelas diferenças culturais e do ambiente. Se você cresceu em meio a uma guerra, a dificuldades econômicas ou a um povo oprimido, ou se sobreviveu a um desastre natural ou a uma situação traumática, isso vai influenciar suas reações. Estar em ambientes lotados pode exacerbar a ansiedade, e até mesmo resultar em crises de pânico.

Transtorno de ansiedade generalizada significa que o seu botão da ansiedade está ligado o tempo todo. Isso pode resultar em pensamento obsessivo, pensamentos extremados e medo exagerado de algum perigo em potencial.

No entanto, se você se sente ansioso em relação a muitas coisas durante boa parte do tempo você pode fazer algo para diminuir seu nível de ansiedade por conta própria.

ANSIEDADE E MEDICAMENTOS

Se você sente que sua ansiedade é incapacitante, ou se é cronicamente ansioso, pode se consultar com um médico para que ele prescreva alguma medicação, ou pode procurar um psicólogo para se informar sobre a possibilidade de tomar remédios para auxiliar no tratamento da ansiedade. É importante lidar com os sintomas quando eles se tornam muito desgastantes. Em alguns casos é preciso aliviar esses sintomas para conseguir entender as mudanças que você precisa fazer na vida, ou talvez você esteja passando por uma situação como divórcio, reabilitação de um vício ou demissão que causa estresse por um período prolongado de tempo.

No entanto, existe um número crescente de evidências reconhecido pelo NICE (National Institute for Health and Care Excellence) do Reino Unido de que há outras maneiras não relacionadas à medicina de lidar com os sintomas físicos e psicológicos da ansiedade. Esses métodos incluem mindfulness, TCC, terapias alternativas e psicoterapia. Seu médico pode discutir essas opções com você, mas você sempre pode tomar a iniciativa de solicitar um encaminhamento ou recomendação.

"Nossas vidas são moldadas por nossos pensamentos."

Marco Aurélio

ATAQUES DE PÂNICO

Muitas vezes a ansiedade extrema pode ocorrer quando você menos espera. Os ataques de pânico podem ser ocasionados tanto por algo em sua mente (como uma memória ou uma percepção), algo em seu ambiente (como a sensação de estar sob ameaça ou em perigo), ou por algo que você percebe antes de notar conscientemente (um cheiro ou um som). Você pode se sentir em pânico antes mesmo de se dar conta conscientemente ou entender qual foi o gatilho.

Os sintomas típicos de um ataque de pânico incluem, mas não estão limitados a: ofegância e sensação de incapacidade de respirar; dormência no rosto ou nos membros; formigamento nas mãos e/ou nos pés; sensação de descolamento da realidade; enjoo ou vômito; necessidade de sair de algum lugar com urgência, de escapar; sensação incapacitante de pavor, de medo intenso; suor, de calor ou frio, ou ambos; suor nas mãos ou na pele; boca seca; necessidade de ir ao banheiro, ou de fato fazer isso; branco mental, ou sensação de incapacidade de pensar.

Ataques de pânico podem vir em ondas. Se você tiver um ataque, pode passar por diversos em um curto espaço de tempo, e isso por si só já pode ser desgastante. Na verdade, assim como você pode ficar ansioso por ter ansiedade, também pode sentir pânico só de pensar em ter pânico.

A única maneira de lidar com o pânico é cortando o mal pela raiz. É preciso reconhecer seus gatilhos e procurar evitá-los ou lidar com eles de maneira eficaz.

IDENTIFICANDO GATILHOS

Escreva rapidamente o que você percebe como seus gatilhos. Pode ser a luz estroboscópica, o sabor de algum prato específico, o transporte público lotado, barulhos altos ou uma raça de cachorro. Se você escrever essas coisas, pode se lembrar de que é sensível a elas, e pode evitar essas coisas/situações, ou lidar com elas de maneira consciente, caso seja confrontada com elas.

Descobrir quais são seus gatilhos é uma parte importante de dominar seu pânico.

Então você precisa descobrir o que fazer caso o medo já tenha tomado conta. Quanto antes você lidar com o problema, melhor.

PROVAS

JOGAR CONVERSA FORA

GRITAR

SER O CENTRO DAS ATENÇÕES

COBRAS

NADAR

LIDANDO COM O PÂNICO

Respire. Você pode sentir que não consegue, mas você consegue.

Desacelere a respiração.

Conte até dez em pensamento devagar: um, dois, três, quatro e por aí vai.

Inspire e expire devagar enquanto você continua a contar, e então comece a contar em ordem decrescente: dez, nove, oito, sete...

Diga a si mesmo que vai sobreviver. É só medo, são só sentimentos, e isso vai passar.

Identificar os seus gatilhos e aprender a controlar o pânico, se você tiver um ataque, vai ser muito mais benéfico e eficaz para quebrar a escalada de ansiedade e pânico a longo prazo. As informações e os exercícios nas próximas páginas vão ajudá-lo nisso.

DOMINANDO O PÂNICO

Se você nunca teve um ataque de pânico, você pode ser pego de surpresa. Na verdade, mesmo que você já tenha tido cem deles a sensação pode ser aterrorizante. Tente as dicas a seguir para reduzir o pânico:

1) **Familiarize-se**, se possível, com os sintomas que costumam caracterizar um ataque de pânico em você — quanto mais você conhecer seus "gatilhos", mais preparado estará.

2) **Entenda que você está seguro!** Mesmo que você esteja se sentindo em pânico, a realidade é que você está seguro, e não há motivo para se apavorar. Você não vai morrer, por mais apavorado que esteja se sentindo.

3) **Respire.** Concentre-se na sua respiração. Expire devagar. Depois inspire e expire novamente, enquanto conta até dez. Repita isso várias vezes, respirando mais profundamente a cada ciclo (mas tome cuidado para não hiperventilar). Diminua o ritmo da respiração, e inspire e expire mais devagar caso se sinta tonto ou aturdido.

4) **Bata os pés** no chão. Sinta como é sólido.

5) **Segure algum objeto**, como o braço de uma cadeira, um corrimão ou até mesmo a sua própria mão.

6) **Diga a si mesmo:** "Eu consigo, eu posso sair dessa situação, isso vai passar."

7) **Conte** lentamente de um a dez, e depois de dez a um.

8) **Diminua** o ritmo dos seus passos, para o carro se estiver dirigindo, saia do cômodo, do ônibus, do trem e respire ar fresco. Não se apresse, mas tente estabelecer seu espaço.

9) **Se os sentimentos continuarem, experimente cantar** (principalmente em algum espaço fechado como um carro, em casa ou no banheiro), algo como "la, la, la", "A formiguinha", alguma canção de ninar ou sua música preferida. Cantar em voz alta pode fazer com que você se sinta animado e desfazer o padrão do pânico.

10) **Faça uma caminhada.** Mesmo que seja até o outro lado do escritório ou de um cômodo, mas o ideal é que seja ao ar livre.

11) **Continue a respirar.** Alongue seus dedos das mãos e dos pés, respire profundamente. Parabenize-se por superar algo que parecia ameaçar sua vida — e encontre três coisas boas a respeito do ambiente em que se encontra (um vaso de planta, seus sapatos, o céu etc.).

"Nunca aprenderíamos a ser corajosos e pacientes se existisse apenas a alegria no mundo."

Helen Keller

ALIMENTE O SEU CORPO

Os exercícios físicos são conhecidos como ótimos "desestressores" por promoverem a liberação de endorfinas em nosso cérebro e no corpo, nos fazendo sentir muito melhores. Também sabemos que a nossa alimentação e o quanto a cafeína, o álcool, a nicotina e o açúcar que consumimos podem impactar em nosso temperamento.

Você pode pensar que não tem tempo para se exercitar, ou que não tem energia para ir à academia ou sair de casa. Comece fazendo trabalhos domésticos ou atividades como jardinagem. Desça e suba escadas, limpe objetos, corte a grama, e gradualmente acrescente mais intensidade à sua rotina de exercícios. Você também pode dançar em casa ao som de suas músicas preferidas.

Você pode comprar um relógio ou pulseira ou ainda baixar um aplicativo que contam passos, de modo a encorajá-lo a ser mais ativo.

Há muitas coisas que você pode fazer para melhorar seu bem-estar, e vamos nos aprofundar nisso nas próximas páginas deste diário. Seu corpo e sua mente trabalham juntos, por isso, para tornar-se menos ansioso é preciso tomar conta do seu corpo.

"Viver é sofrer, sobreviver é encontrar algum sentido no sofrimento."

Friedrich Nietzsche

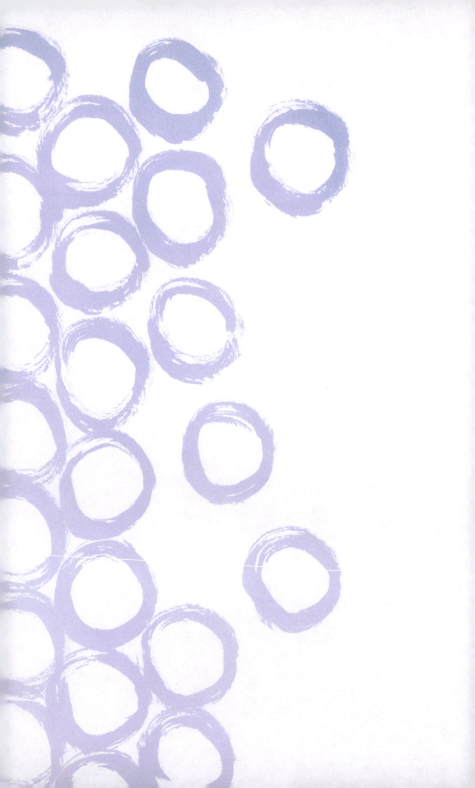

TERAPIA COGNITIVO-
-COMPORTAMENTAL (TCC)

TERAPIA COGNITIVO-COMPORTAMENTAL (TCC)

Uma das ferramentas mais eficazes para lidar com a ansiedade é a TCC — Terapia Cognitivo-Comportamental. A TCC ensina o paciente a mudar sua maneira de pensar para que, assim, passe a se comportar de forma diferente. Ela desafia as crenças que você criou a seu respeito e a respeito do mundo. Ela oferece ao paciente um método passo a passo para dominar a ansiedade e os sentimentos e os sintomas que a acompanham.

Normalmente o método da TCC leva cerca de seis semanas para ser aprendido, mas ele pode ser ensinado ao longo de períodos mais longos de tempo. Você pode encontrar muitos cursos on-line, ler livros sobre o tema ou se consultar com um terapeuta especializado em TCC (veja as seções de "Leitura complementar" e "Ajuda" no fim deste livro).

Foi descoberto que a TCC é extremamente confiável e tão eficaz quanto medicamentos no tratamento da ansiedade. No entanto, cabe a você se empenhar para que ela funcione. É preciso esforço e determinação. Você precisa fazer o "trabalho de casa" para que ela tenha efeito. A maioria das pessoas relata que vale a pena o esforço, pois o resultado promove transformações em suas vidas.

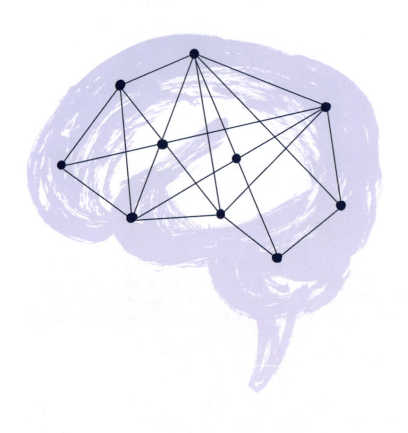

UMA BREVE DEGUSTAÇÃO

TCC significa:

Terapia — Como você testa a si mesmo para mudar o seu modo de pensar e o seu comportamento;

Cognitivo — Como você vê as coisas/os acontecimentos (sua percepção);

Comportamental — Como você reage aos acontecimentos, e como isso tem impacto nos seus pensamentos e sentimentos.

TCC: UM EXEMPLO

Você tem uma crença a seu próprio respeito (cognição) de que não suporta aranhas. Um terapeuta especializado em TCC "testaria" essa crença pedindo que você estimasse o quanto tem medo de aranhas (grito! Cem por cento!!!) e depois mostraria uma aranha a você (ou mesmo a foto de uma), talvez a uma certa distância, para que você começasse a se acostumar à ideia de estar no mesmo cômodo que uma aranha. O terapeuta então pediria para você estimar o nível de medo agora, e na maioria das vezes o medo teria diminuído (para, digamos, oitenta por cento), já que ser confrontado com a realidade em geral é menos assustador do que se imaginava. Com o tempo, talvez você se aproximasse de uma aranha ou até segurasse uma. No fim é possível que você não tivesse medo algum. Pode ser que você quisesse ter uma aranha de estimação!

A TCC estimula você a enfrentar seus medos, passo a passo, e entrar em contato com seus sentimentos. Você pode mudar seu comportamento (por exemplo, segurar a aranha), o que posteriormente modifica seus sentimentos e a percepção que tem de si mesmo (cognição) — "Eu não tenho medo de aranhas". É assim que funciona a TCC.

Ao enfrentar seus medos e lidar com seus sentimentos, você pode dominar a ansiedade em suas diversas formas: fobias, obsessões, fantasias, ataques de pânico (veja as seções de "Leitura complementar" e "Ajuda" no fim deste livro).

A TCC EM CASA

O ideal é que a TCC seja ensinada por um profissional, mas há alguns hábitos que você pode tentar adotar por conta própria para aliviar a ansiedade. O segredo está em diferenciar entre seus pensamentos, sentimentos e comportamentos.

Tente o ABC:

A: uma ATIVIDADE DE GATILHO — por exemplo, você precisa fazer uma apresentação no trabalho.

Qual foi o gatilho da sua ansiedade no dia de hoje?

B: suas CRENÇAS — a maneira que você pena a seu próprio respeito sua moral, suas regras pessoais, seus pontos de vista etc.) Por exemplo: "Eu não consigo fazer isso", "Eu fui reprovado na escola", "Eu não sei falar em público".

C: as CONSEQUÊNCIAS — sentimentos, comportamento, pensamentos, experiências físicas além de suas emoções. Por exemplo: você sente medo e ansiedade, então o nervosismo toma conta de você ou você seque consegue fazer a apresentação.

Meus ABCs...

EXPOSIÇÃO

A TCC encoraja você a não evitar aquilo que lhe causa ansiedade. Se você evitar não será capaz de dominar a ansiedade. Na verdade, estará tornando-a pior ao incorporá-la ainda mais em sua psique, em seus hábitos, em sua autoimagem e em suas crenças.

A TCC encoraja você a enfrentar seus medos. Você enfrenta justamente aquilo que lhe traz ansiedade, mas de forma gradual. Contando com ajuda, assistência e apoio. A isso dá-se o nome de exposição.

Uma vez que você enfrenta aquilo que o assusta e percebe que consegue fazer isso, está livre para agir a partir dessa experiência. E ir além dela. Utilizar a TCC pode ajudar você a mudar a maneira que faz as coisas, para que você possa se sentir e agir de forma diferente — e, por consequência, pensar de forma diferente. Também é possível mudar seu modo de pensar se comportando de maneira diferente.

A TCC pode ajudá-lo a se sentar no banco do motorista e tomar o controle da sua vida. No entanto, primeiro você precisa se sentar, aprender a dirigir, dar a partida e manter o carro na estrada. É preciso esforço. Mas vale a pena.

A EXPOSIÇÃO NA PRÁTICA

Imagine que você está ansioso por ter que falar em público para um grupo. Só de pensar nisso seus joelhos estremecem e você treme feito gelatina e se sente enjoado. A ideia de ter que falar em público é um pesadelo — você tem certeza de que será humilhado e de que nunca vai superar tamanha vergonha. Esse é o seu processo cognitivo.

Mas sua melhor amiga vai se casar e quer que você faça um pequeno discurso no casamento (algo que causa nervosismo na maioria das pessoas). Você decide praticar e ensaiar o seu discurso na frente do seu gato, depois dos seus amigos e depois tentar para valer. Você recebe um feedback positivo. E assim muda seus treinos comportamentais.

No dia do casamento, mesmo tremendo você consegue se levantar e ler o discurso, e no fim você é aplaudido. Antes de começar seu medo estava estimado em noventa e cinco por cento. Porém, ao estimar como você se sente após o discurso, rodeado de rostos sorridentes e aplausos, você percebe que seu medo tinha diminuído para quarenta e cinco por cento ou menos. Você reduziu o medo ao enfrentar a realidade. Você testou por conta própria, e viveu para contar a história. Não foi tão assustador quanto você imaginava. Então você se sente menos ansioso.

É assim que a TCC funciona. Ao enfrentar seus medos e desafiá-los, você se torna capaz de diminuí-los. Agora pense em como você pode colocar esse sistema em prática em sua vida.

PENSAMENTOS NEGATIVOS AUTOMÁTICOS

A TCC tem um modelo muito útil para explicar o modo pelo qual nosso pensamento funciona.

Pense numa xícara de cappuccino. No topo está a espuma, que são os "pensamentos negativos automáticos". Esses são os pensamentos da superfície que boiam até topo.

Eles representam todas as crenças negativas que temos a nosso respeito e que ficam pairando em nossa cabeça, nos deixando ansiosos. Com frequência esses pensamentos são autodestrutivos: *Sou um inútil*, *Ninguém me ama*, *Nunca terei sucesso*, *Nunca terei um relacionamento*, *Sempre fracasso*, *Sou muito gordo*, *Dei azar de novo*.

Esse tipo de pensamento nos fere por dentro e diminuí nossa autoestima. Eles pairam na nossa mente e não nos fazem nenhum bem. Muitos de nós temos pensamentos negativos, e deixamos que tomem conta, o que só causa prejuízo.

Quais são os seus pensamentos negativos automáticos mais comuns?

CRENÇAS E SUPOSIÇÕES DISFUNCIONAIS

Por baixo da espuma no topo do seu cappuccino está o corpo do seu café: uma massa leitosa de "crenças e suposições disfuncionais".

Esses são os pensamentos e as crenças a seu respeito que você carrega e que engrossam o seu cappuccino, tornando-o viscoso, e atacam você de dentro para fora. Eles são menos acessíveis que os pensamentos negativos automáticos, são visões mais profundas e inconscientes a seu respeito e a respeito da sua vida.

As suposições disfuncionais são pensamentos como: *Quando uma coisa dá errado as outras começam a dar errado também*, *Se eu discordar de alguém vão pensar que sou egoísta*, *É melhor eu desistir, independentemente de como me sinto*. Elas funcionam como uma profecia autorrealizável. As suposições disfuncionais são crenças inconscientes, em geral muito rígidas e controladoras, e elas servem como base para seus pensamentos negativos, assim como o leite do seu cappuccino.

Quais são as maiores suposições disfuncionais que você tem a seu próprio respeito?

CRENÇAS ESSENCIAIS

No fundo da sua xícara estão os grãos de café que representam as crenças essenciais. Eles estão no enraizados nas suas suposições disfuncionais, e vêm à tona em forma de pensamentos negativos automáticos.

Então você pode ter pensamentos como *Não tenho valor*, *Não tenho sorte*, *Ninguém me ama*, *Sou um inútil* no fundo da xícara. Suas crenças essenciais são as ideias enraizadas sobre quem você é e sobre o seu valor. Elas remontam à sua infância e o controlam das profundezas de seu ser. As crenças essenciais costumam se basear em emoções negativas profundas como a raiva, o medo, a humilhação, a vergonha, o constrangimento, a autodepreciação e muitos outros.

Como as suas crenças essenciais costumam estar profundamente enraizadas, a maneira mais fácil de entrar em contato com elas pela TCC é por meio dos pensamentos negativos automáticos, que são acessados com mais facilidade. Portanto, mexer na espuma é a porta de entrada...

ERROS DE PENSAMENTO

Quando você sai de férias e pensa estar "se afastando de tudo", na verdade ainda é você que está indo viajar. *Wherever You Go, There You Are* [Aonde você for, lá está você] é o maravilhoso título do livro de Jon Kabat-Zinn sobre mindfulness. Isso quer dizer que podemos tentar escapar de nós mesmos, mas nossos mindsets sempre nos acompanham, aonde formos e, se permitirmos, se tornam obstáculos.

Na TCC os pensamentos negativos que determinam o rumo de nossas vidas são chamados de "erros de pensamento". Eles funcionam como mapas que seguimos inconscientemente, acreditando que aquela é a única direção pela qual podemos ir. Felizmente a TCC nos ajuda a identificar esses erros de pensamento a fim de modificar o caminho que estamos seguindo — consequentemente eliminando a ansiedade e outras emoções negativas de nossas vidas.

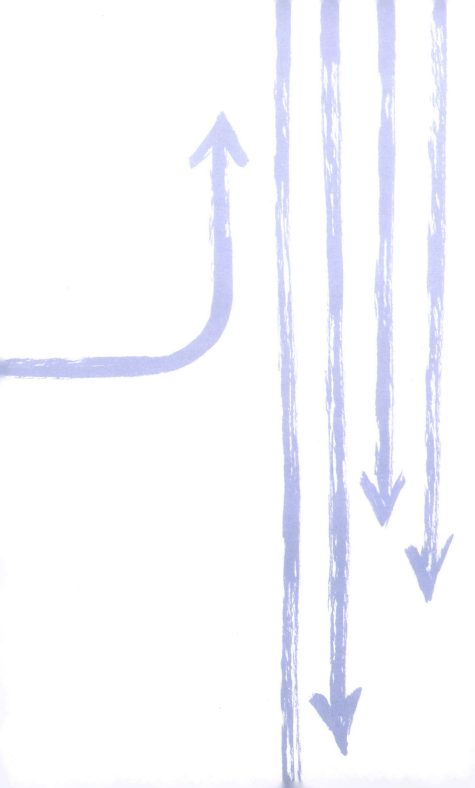

IDENTIFICANDO SEUS ERROS DE PENSAMENTO

Você reconhece algum desses erros de pensamento? Assinale aqueles com os quais se identificar

1. Pensamentos tudo ou nada: "Ou você concorda comigo ou está contra mim", "É pegar ou largar"

2. Generalizações: "Comigo é assim mesmo, tudo sempre dá errado."

3. Filtro mental: "Eu falei, sabia que isso aconteceria."

4. Desqualificar o positivo: "Sim, mas..."

5. Leitura mental: "Eu sei que eles não gostam de mim..."

6. Catastrofização: "Não há esperança, é o fim do mundo..."

7. Pensamento mágico: "Tudo acontece por um motivo..."

8. Pensamento condicional: "Eu tenho que obedecer a minha mãe ou ela nunca vai me amar."

9. Personalização: "As pessoas sempre implicam comigo. Só pode ser culpa minha."

10. Culpabilização e rotulação: "Não é culpa minha, como eles podem fazer isso comigo?"

Podemos nos pegar pensando dessas maneiras de vez em quando, mas perceber esses erros de pensamento e corrigi-los gentilmente pode evitar que a ansiedade tome conta de você. A ansiedade costuma ser a descarga de um acúmulo de pensamentos negativos — por isso o melhor é abandoná-la, como fazemos com os vícios.

AVALIE SUA ANSIEDADE

Quão ansioso você está?	*Você sente...*	*Você pensa...*
Exemplo: Você está andando até a sua casa e percebe que alguém está atrás de você.	Medo	Serei atacado

Realidade: O medo pode fazer com que você pense que será atacado, mas a pessoa andando atrás de você provavelmente não passa de um cidadão qualquer que está apenas fazendo o mesmo percurso. O que sua mente faz com o acontecimento é que causa ansiedade. Isso não quer dizer que você não deva tomar cuidado — mas você, provavelmente, fica mais ansioso do que a situação pede.

Preencha o questionário a seguir com a maneira que você acredita que se sentiria nas situações descritas, estabelecendo uma intensidade de 0-10 (10 é a mais alta).

Você está atrasado para uma reunião de trabalho.

_____

_____

Você encontra um arranhão no seu carro.

_____

_____

Seu filho está com febre.

_____

_____

Você recebe uma carta do banco.

_____

_____

Seu marido ou esposa diz "Precisamos conversar".

_____

_____

Avalie-se e avalie também suas reações iniciais de acordo com cada um desses exemplos. Consegue perceber algum "erro de pensamento" da sua parte?

_____

_____

_____

"Devemos monitorar o progresso da felicidade em nossos países da mesma forma que monitoramos o progresso da economia."

Professor Richard Layard

MINDFULNESS

MINDFULNESS

Nosso estilo de vida frenético, repleto de tecnologia fez surgir a necessidade de encontrar paz e tranquilidade na vida moderna. Como consequência os povos do Ocidente foram buscar no Oriente as práticas utilizadas nesses países há mais de 3 mil anos. A meditação foi popularizada entre os hippies da década de 1960, e fez parte do movimento New Age durante os anos 1970 e 1980.

A ansiedade envolve a mente, o corpo e o espírito. As práticas meditativas são bastante conhecidas por acalmarem a mente, relaxarem o corpo e tirarem o peso de almas atormentadas e atualmente essas práticas têm sido combinadas a terapias Ocidentais. As abordagens de psicoterapeutas como Freud, Jung e, posteriormente, os behavioristas Skinner, Ellis e Beck ajudaram inúmeros pacientes ao longo dos anos, mas à medida que as pressões da vida foram se tornando maiores, a necessidade de algo para diminuir nosso ritmo se tornou mais urgente. E para muita gente a resposta está na prática de mindfulness.

Mindfulness tem origem no budismo e em outras práticas meditativas. Ela ajuda o praticante a acalmar a mente, possibilitando maior foco no presente, tornando-o consciente de tudo, no agora. Ela oferece a oportunidade de pararmos de nos preocuparmos com o passado, com os arrependimentos ou as tentativas de reescrever o que passou. Mindfulness também evita que você se preocupe com o futuro, pois o seu foco está aqui, no momento presente.

TIRE UM MOMENTO PARA A PRÁTICA DE MINDFULNESS

Pare.

Feche os olhos.

Preste atenção a tudo que está ao seu redor.

O que você está escutando?

Quais aromas pode sentir?

Qual é a sensação do tecido da roupa que está vestindo em contato com a sua pele?

Como está a temperatura?

Abra os olhos — fique atento ao ambiente.

Escreva tudo que você está vendo.

TCC E MINDFULNESS

Enquanto a TCC tem uma abordagem bastante científica e lógica, ensinando o paciente a pensar e agir de maneira menos negativa, o propósito da prática de mindfulness é mantê-lo concentrado no momento presente. A TCC trata da mente. Mindfulness trata de integrar a mente, o corpo e o espírito no agora. Dessa forma, um novo tipo de terapia surgiu: a MBCT (Terapia Cognitiva Baseada em Mindfulness).

Muitos praticantes agora integram mindfulness à TCC pois se sentem mais presentes e calmos, e ela também tem sido introduzida em escolas, faculdades e empresas para ajudar um número maior de pessoas a encontrar paz e tranquilidade no momento presente.

A boa notícia é que a fusão entre as práticas Ocidentais e Orientais significa que podemos olhar para a nossa saúde como um todo de forma muito mais eficaz. Isso é particularmente útil em locais onde os sistemas de saúde públicos enfrentam dificuldades, pois nos tornamos mais autossuficientes ao aprender que somos capazes de cuidar de nossa saúde física e psíquica quando acalmamos a mente e desestressamos o corpo.

Programas cujo objetivo é reduzir o estresse baseados na prática de mindfulness se mostraram extremamente eficazes em reduzir a ansiedade e também no tratamento contra depressão, dependência química, dores e doenças. A MBCT é uma prática que encoraja o paciente a treinar a mente para trabalhar de forma diferente. Com frequência atividades como Yoga, pilates, acupuntura entre outras são utilizadas juntamente a essa terapia.

ESTAR NO LUGAR DE FAZER

Temos a tendência de valorizar "conquistar" e "agir" em detrimento de "estar", e consequentemente nos colocamos sob pressão constante. Tentar cumprir objetivos impossíveis é exatamente isso: impossível. E mesmo assim nos forçamos a atender expectativas e alcançar objetivos irreais.

Uma maneira de dominar a ansiedade é simplesmente aprender a fazer uma coisa de cada vez. Isso significa que você aprende a se concentrar no que está fazendo, no momento, em vez de se atrapalhar se preocupando com o que não fez ou aflito com o que precisa fazer em seguida.

Tente se concentrar no agora. Aprenda a fazer uma tarefa de cada vez. Por exemplo, se você estiver trabalhando em um texto no computador, feche o navegador da internet e todos os outros programas até ter finalizado a tarefa atual. Além de evitar a ansiedade que as notificações e as outras janelas abertas podem causar, concentrar-se em uma única tarefa aumentará a sua produtividade.

Aprenda a estar em vez de ficar preso em agir o tempo todo.

"Eu não me importava com o passar das horas. O dia avançava como se a iluminar algum trabalho meu; era manhã, e vejam, agora é noite, e nada memorável aconteceu. Em vez de cantar como os pássaros sorri discretamente em face da minha boa-sorte."

Henry David Thoreau

RITUAIS

Para desacelerar um pouco o seu dia, crie um espaço no qual consiga afastar a possibilidade de se estressar ou cair numa espiral de ansiedade. Para isso será necessário identificar os momentos do seu dia que se mostrarem particularmente estressantes a fim de ser capaz de prever os momentos em que a ansiedade pode chegar.

Você se sente mais ansioso:

- Pela manhã, quando está apressado para sair para o trabalho?
- Quanto está em casa sozinho com seus pensamentos?
- Quando fica com seu filho o dia inteiro, tentando mantê-lo entretido?
- Na hora do almoço, quando você precisa comer na mesa de trabalho?
- O caminho para o trabalho, de ida ou de volta, quando o transporte e o tráfego parecem mais caóticos do que nunca?
- Durante a transição entre sair do trabalho e chegar em casa, quando você precisa de espaço, mas é instantaneamente sugado por tarefas domésticas e pedidos da família?
- À noite, quando o que você mais quer é relaxar, mas precisa continuar trabalhando?
- Quando você está com alguém mas não sente que estão se conectando?
- Quando olha seu extrato bancário?
- No meio da noite, quando você acorda às 3 da manhã com o coração acelerado?

Seus padrões pessoais de ansiedade têm sua própria forma, origem e solução. Uma vez que você identifica seus gatilhos é capaz de fazer o que for necessário para mudá-los. O que você poderia fazer a fim de ajudar a si mesmo nos momentos de maior ansiedade? As próximas páginas contêm algumas dicas que poderão ajudar.

Você conseguiu identificar os momentos em que se sente mais ansioso?

AO ACORDAR

Você espia por debaixo das cobertas e pensa *Ah, não, não consigo encarar o dia hoje*, ou acorda com um nó na garganta, dor de cabeça? No que você pensa durante esses momentos que passa acordado? Consegue identificar seus pensamentos negativos automáticos enquanto eles flutuam na sua mente? Tente escrever esses pensamentos num papel ou, se preferir, comece um diário em vídeo ou áudio.

Para combater a ansiedade pode ser útil ajustar o alarme para quinze ou trinta minutos antes da sua hora de acordar, a fim de ter mais tempo para se arrumar. A ansiedade muitas vezes vem de tentarmos fazer coisas demais em pouco tempo, ou de não sermos organizados. Levar um tempo cuidando bem de si mesmo e se aprontando com tranquilidade pode ajudar a começar o dia se sentindo mais focado e tranquilo.

Respire fundo, uma ou mais vezes, antes de sair da cama.

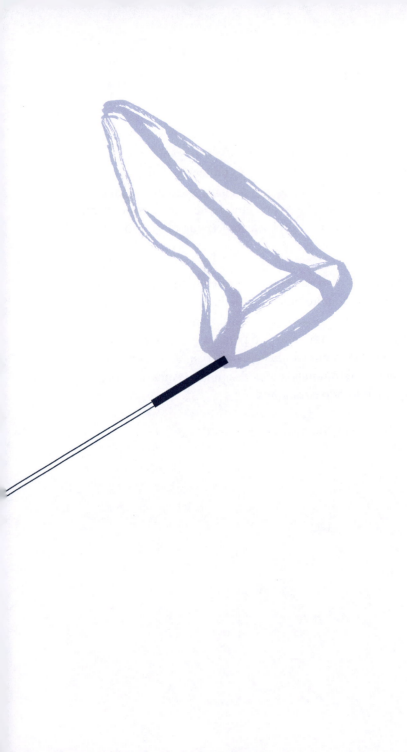

UM EXERCÍCIO DE MINDFULNESS MATINAL

Fique embaixo das cobertas. Ajuste o alarme para tocar em cinco minutos.

Deite com a barriga para cima e feche os olhos. Perceba os pontos onde há tensão ou qualquer dor no seu corpo, agora se concentre nesse ponto e se permita sentir o que está acontecendo ali.

Intensifique a sensação. Permita que sua mente se concentre nela. E então relaxe. Tensione mais uma vez e realmente se deixe sentir. E então relaxe.

Imagine uma enorme rede para pegar borboletas vindo em sua direção e passando por todo o seu corpo. Todos os pensamentos de tensão e dificuldade ficam presos na rede, e são levados embora.

Diga a si mesmo: *Eu consigo. Eu consigo enfrentar este dia.* Respire fundo e expire. Repita por mais duas vezes.

Abra os olhos e calmamente se descubra.

Você está pronto para continuar com o seu dia. Você está preparado.

UM CAFÉ DA MANHÃ COM MINDFULNESS

Se você trabalha fora, é muito comum sair de casa com pressa pela manhã. Também é comum que você precise pular o café da manhã por ter acordado atrasado ou por achar que não tem tempo para comer.

Evite sair de casa de estômago vazio, pois é provável que você acabe comendo algum lanche nada saudável no caminho ou que fique tão faminto que sua concentração, locomoção ou capacidade de dirigir fiquem prejudicadas.

Se você quer diminuir a ansiedade, é essencial que tome um café da manhã nutritivo. Também é importante separar um tempo para preparar sua refeição com calma. Algumas pessoas fazem mingau de grãos na noite anterior para um café da manhã saudável ou preparam sanduíches para comer na manhã seguinte. Você precisa ter, pelo menos, cereal, pão, frutas, ovos, leite, mingau, iogurte e qualquer outra coisa de que você goste a fim de começar o dia com uma refeição nutritiva. Se você estiver de ressaca o café da manhã e a hidratação são extremamente importantes, pois ajudam seu corpo a se recuperar mais rápido e ajuda você a começar o dia mais focado.

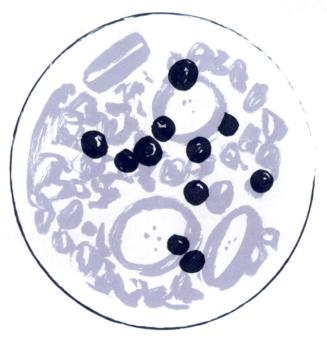

Separe um espaço para ser seu, e ponha a mesa criando uma boa apresentação, ou ao menos uma apresentação organizada. Se for comer uma torrada ou um cereal com frutas, sente-se à mesa para tomar café sem distrações como o rádio, a TV, o jornal ou o celular.

Aproveite esse momento para comer o que tiver preparado, saboreando a refeição.

Pode ser que você tenha apenas quinze minutos para tomar o café a manhã, mas ao comer com calma e com atenção plena, você estará se preparando para ter um bom dia.

Comer com pressa é ruim tanto para a sua digestão quanto para o seu humor. Alimentos de baixo índice glicêmico (como torrada integral, mingau ou cereal integral com frutas e castanhas) podem ajudá-lo a se manter calmo e energizado.

Se você está em um relacionamento ou tem filhos, encoraje-os a tomar o café da manhã com calma, se possível. Lembre-se de que as pessoas estão acordando, por isso é possível que estejam mal humoradas, estressadas ou ansiosas a respeito do dia. Evite desentendimentos durante o café da manhã; Eles causam mal estar e interferem na digestão. Se der tempo, tire a mesa antes de sair. Ou pelo menos empilhe os pratos, pois voltar para uma casa bagunçada aumenta nossos níveis de ansiedade.

LOCOMOVENDO-SE COM MINFULNESS

Se você for viajar de trem ou de ônibus, pare por alguns instantes para retomar o foco. Olhe ao seu redor: todos estão olhando para o celular, com a cabeça baixa. Não faça o mesmo, tire dez minutos apenas para "estar": respire, olhe pela janela ou apenas ao seu redor e observe.

Sinta o banco sob as suas pernas, seus braços no descanso para braços ou, se você não estiver sentado, seus pés no chão.

Pare e preste atenção nas pessoas ao seu redor — a cor da pele e dos cabelos delas, suas roupas, quem está dormindo, lendo ou ouvindo música.

Relaxe a barriga, a mandíbula e inspire enchendo a barriga de ar. Sinta seus pés no chão.

Pare para existir no momento presente. Corra o risco de se sentir entediado — um momento sem muitos estímulos não é algo ruim. Esse momento vai aumentar seu nível de relaxamento e aumentar sua concentração nas próximas tarefas.

ATENÇÃO PLENA NO ENGARRAFAMENTO

Se você ficar preso num engarrafamento enquanto estiver dirigindo, desligue o rádio ou pause qualquer música que esteja ouvindo (mesmo que por apenas cinco minutos). Não olhe o celular.

Respire — inspire fundo e solte o ar emitindo um som. Repita algumas vezes.

Segure o volante com força, depois relaxe (repita três vezes).

Levante os ombros na direção das orelhas e baixe-os rapidamente. Repita três vezes.

Se o trânsito estiver totalmente parado, puxe o freio de mão, sente-se confortavelmente e relaxe.

Caso esteja sozinho, grite ou cante bem alto. Você pode sentir vontade de xingar — descarregar a frustração.

Abra bem a boca, como num bocejo, e feche. Faça isso três vezes.

Preste atenção ao assento sob suas pernas e contra suas costas, e sente-se relaxado até que o trânsito volte a se movimentar.

Se você puder usar o telefone celular de maneira segura, envie uma mensagem rapidamente avisando que vai se atrasar, dessa forma você vai se sentir menos ansioso em relação a chegar depois do horário marcado. No entanto, de forma alguma use o celular enquanto dirige. É perigoso e ilegal em muitos países. Usar o celular só vai tirar sua atenção da direção e deixá-lo mais ansioso. Se você vai se atrasar e isso o está deixando ansioso, assim que possível encoste o carro e use o celular de maneira segura.

FUI ALMOÇAR.

HORÁRIO DE ALMOÇO MINDFULNESS

É cada vez mais comum que as pessoas almocem na mesa de trabalho. Tente, ao menos três vezes por semana, sair e almoçar ao ar livre. Se precisar ficar no escritório, almoce fora de sua mesa de trabalho.

Mesmo que você queira se organizar, se atualizar das redes sociais ou das notícias, tente fazer uma pausa dos aparelhos eletrônicos por dez minutos ou meia hora, se possível.

Tente comer uma uva passa ou um quadradinho de chocolate, por exemplo, ou o que quer que você esteja comendo, deixando o alimento amolecer e derreter na boca, sem morder ou mastigar. Veja como os sabores e texturas vão se modificando. Experimente diminuir a velocidade enquanto engole a comida.

MINDFULNESS EM CASA

Se você passa a maior parte do dia em casa, é possível que se sinta preso ou ansioso, principalmente se o ambiente ao redor lembrá-lo de todas as coisas que deveria estar fazendo ou que ainda não conquistou. Se você trabalha no esquema de home office, é autônomo, está desempregado, aposentado ou tem alguma condição que o impeça de sair de casa, pense no seu ambiente e em como pode organizá-lo a fim de se sentir menos ansioso.

Se você tem filhos ou cuida de um parente idoso, pode ser positivo fazer uma pausa ao ar livre, sozinho, apenas para "tomar um ar". Encontre uma pessoa confiável que possa substituí-lo durante essa merecida pausa.

Além disso, pode ser interessante que o seu computador e escritório fiquem fora do seu quarto, ou que seja separado por uma divisória. Assim você não será constantemente lembrado do trabalho ou das contas a pagar.

CASA ARRUMADA COM MINDFULNESS, MENTE ORGANIZADA

Embora muitos de nós não tenhamos a casa perfeita ou a ajuda necessária, um ambiente desorganizado pode ser um gatilho para a ansiedade. Você pode gostar de viver em meio ao caos organizado, ou pode ser que aprecie um ambiente extremamente organizado. Seja qual for o caso, quando você estiver se sentindo estressado ou ansioso, arrumar a casa pode ajudá-lo a se sentir melhor.

Se você costuma acumular coisas — jornais, objetos de arte, papéis, roupas, sapatos — ou se é um colecionador, tente arrumar um pouco de cada vez, por quinze minutos, talvez. Por mais incrível que possa parecer, se você estiver estressado em casa, o ato de arrumar um armário ou uma gaveta pode fazer com que se sinta melhor. Por isso, separe um tempo para arrumar gavetas, esvaziar um armário e colocar itens para reciclagem. Isso dará a você uma sensação de tranquilidade e de que está no controle.

Mas é comum que adiemos esse tipo de tarefa por pensar que precisamos fazer tudo de uma vez — um exemplo de pensamento tudo ou nada. Na verdade, fazer um pouquinho de cada vez lhe dará a sensação de que está fazendo progresso, e pode ajudá-lo a se sentir inspirado e motivado a realizar o restante da tarefa.

Pare um pouco e aprecie o trabalho que fez — sua casa agora é um oásis de calma (ou está no caminho para se tornar um).

MINDFULNESS NO TRABALHO

Pesquisas recentes mostraram que muitas pessoas que trabalham em escritórios passam a maior parte do dia apenas checando e respondendo e-mails e não conseguem realizar tarefas produtivas ou criativas. Cada vez mais funcionários de call centers ou pessoas que trabalham em ambientes pouco iluminados ou com muitas fontes de barulho estão mostrando altos níveis de estresse e ansiedade. Existe também a enorme pressão de lidar com o público e de trabalhar em ambientes pouco flexíveis.

A fim de reduzir os níveis de ansiedade no trabalho, priorize o que você vai realizar naquele dia. Decida o que precisa fazer e crie uma lista.

Cuide também de sua saúde física: alongue-se, descanse os olhos e saia para tomar um ar quando possível.

Beba água em pequenos goles ao longo do dia. Se o bebedouro for longe da sua mesa e você perceber que está se esquecendo de se hidratar, compre uma garrafa reutilizável e deixe na sua mesa.

De tempos em tempos sente-se com a coluna reta ou fique de pé e se movimente, se alongue, movimente os ombros.

Quando se sentir ansioso, respire.

Vá ao banheiro e conte até dez, contraia os ombros e então relaxe-os.

Como todo ser humano você precisa fazer pausas — você não é perfeito, por isso tente não concordar com tarefas que sejam impossíveis de realizar e procure não trabalhar sem parar de uma forma que é prejudicial para sua saúde.

Tenha objetos na sua mesa ou na gaveta que tragam memórias de entes queridos, da sua casa, de seus hobbies, dessa forma você será capaz de se reconectar com a sua essência sempre que for preciso.

Não esqueça que esse é apenas um trabalho e que você é capaz de lidar com ele. Não esqueça também que você não é uma máquina.

CHEGANDO EM CASA COM MINDFULNESS

É comum que ao chegar em casa estejamos exaustos. O dia foi longo, você pegou as crianças cansadas na escola ou na creche. Ou pode ser que você more sozinho e chegue em uma casa vazia ou que divida com colegas ou um cônjuge.

Chegar em casa representa um delicado momento de transição. É importante dar a si mesmo um momento para chegar e trocar a roupa de trabalho por algo mais confortável. Se você for sair para alguma outra atividade, faça uma pausa de pelo menos dez ou vinte minutos para aliviar o estresse do dia. Mesmo que esteja voltando para casa para lidar com tarefas do lar ou para passar um tempo com a família, pode ser que precise de uns cinco minutos para se adaptar: uma transição da vida profissional para a vida pessoal.

Se você mora com seu marido ou sua esposa, é necessário explicar que necessita desse tempo de transição entre estar no trabalho e estar em casa — em geral é nesse momento que as discussões costumam ter início. As crianças estão cansadas, quem ficou com elas em casa está esgotado, e quem estava trabalhando está exausto.

LIDANDO COM O MOMENTO DE TRANSIÇÃO

Negocie logo no início a maneira como você chega em casa com seu parceiro e com a sua família. Divida-se de maneira que cada um tenha cinco minutos para se trocar e desestressar antes de se encontrarem no fim do dia. Tire cinco minutos para ficar sozinho antes de lidar com a casa.

Tente não ir direto para a geladeira pegar alguma bebida. Procure estabelecer um ritual de chegada em casa que combine com você, para que possa estar presente. Estabeleça suas necessidades com seu parceiro e sua família — comunicar suas necessidades e desejos é parte de estabelecer uma vida familiar tranquila e feliz. Cumprimente quem estiver em casa quando você chegar, e depois siga para seu momento de transição.

Por exemplo, troque de roupa ou tome um banho e depois se troque. Beba um copo de água (nada de álcool ou cafeína) e não ligue a TV, o rádio ou o computador.

Ajuste um alarme para tocar em dez minutos. Deite na cama ou sente-se em uma poltrona confortável e respire fundo. Expire e inspire novamente.

Feche os olhos e preste atenção a como está se sentindo — como é a sensação das suas pernas e dos seus pés. Conecte-se com seus braços, sua barriga, seu peito, sua cabeça e seu rosto.

Continue a respirar e tente se concentrar e trazer sua mente para trás da testa. Faça isso por alguns minutos.

Continue a prestar atenção ao seu corpo enquanto estiver deitado ou sentado na poltrona. Perceba seu peso, e se há pontadas ou dores.

Inspire e expire novamente.

Finalize quando o alarme tocar e calmamente retorne às suas atividades.

Tente também fazer alguma atividade física, mesmo que seja cortar a grama, passear com o cachorro, andar até o mercado para comprar leite, aspirar a casa. Ou você pode tentar algo como entrar para um coral ou para um grupo de teatro — qualquer coisa que não seja ficar sentado na frente da TV. Mas certifique-se de não superlotar a sua agenda. Sair toda noite, mesmo que para atividades construtivas, pode causar esgotamento mental.

Sempre procure dar uma pausa entre uma atividade e outra.

Notas

HORA DE DORMIR COM MINDFULNESS

Se você precisa trabalhar à noite, certifique-se de ter algum tempo para relaxar antes de ir para a cama a fim de evitar se sentir tenso.

Limite o consumo de cafeína e álcool, se possível, nas noites de trabalho, pois será mais difícil dormir, e a insônia e uma noite mal-dormida podem aumentar sua ansiedade no dia seguinte.

Tente tomar um chá calmante antes de deitar, ou um leite quente.

Não deixe eletrônicos ligados antes da hora de dormir, ou lâmpadas de LED acesas no quarto, pois isso interfere nos nossos padrões de sono.

Também é uma boa ideia tomar um banho quente de espuma antes de se deitar, e evite refeições pesadas à noite e bebidas alcoólicas — tudo isso pode interferir no sono e tornar ainda mais difícil o descanso. Isso também pode levar a um aumento do nível de ansiedade no dia seguinte.

Um passeio à noite, passear com o cachorro, alongamento ou yoga também pode ajudá-lo a relaxar.

Muita gente acredita que sexo ou apenas dormir de conchinha ajudam a dormir.

- Se você tem filhos pequenos, certifique-se de resolver qual dos dois vai levantar à noite para cuidar das crianças caso elas acordem no meio da noite.

- Se você tem vizinhos barulhentos, providencie previamente protetores de ouvido a fim de bloquear o som, assim não será pego de surpresa e não se sentirá ansioso a respeito da situação.

ANTES DE SE DEITAR

Antes de se deitar certifique-se de que seu quarto é um local agradável para dormir — faça uma arrumação rápida, mesmo que isso signifique apenas colocar roupas e objetos empilhados.

Crie uma lista de afazeres para o dia seguinte, a fim de esvaziar a mente antes de dormir.

Arrume suas roupas ou prepare suas coisas, arrume sua bolsa para que tudo esteja preparado pela manhã —toda essa preparação vai ajudá-lo a relaxar e vai impedir sua mente de ficar acelerada.

Não ouças as notícias ou assista ao jornal menos de uma hora antes de dormir.

Substitua o drinque que você tomaria à noite por um chá ou um leite quente.

Crie um ambiente tranquilo para dormir, livre de eletrônicos piscando ou apitando para lembrá-lo do estresse do trabalho ou da vida social. Certifique-se também de que seu quarto esteja o mais escuro possível.

Estabeleça um ritual de cinco passos antes de dormir. Por exemplo: arrumar o quarto, passar hidratante, beber chá de hortelã, respirar fundo cinco vezes e ler um livro. Com o tempo seu cérebro vai associar essas atividades ao sono.

Meu ritual da hora de dormir:

1.

2.

3.

4.

5.

SACOLA DE PREOCUPAÇÕES

Imagine que você tem uma "sacola de preocupações" na qual pode despejar todos os seus pensamentos antes de ir para a cama. Escreva-os, em seguida coloque todos lá dentro, escritos em pedaços de papel. Feche a sacola e abra pela manhã.

Você poderá olhar seus pensamentos na luz do dia.

Ou simplesmente jogá-los fora, sem revisitá-los.

Seja qual for a sua escolha, o importante é esvaziar a sua mente de toda a bagunça que ela está carregando.

Quais preocupações surgem à noite?

Minhas preocupações:

"Mantenha seu rosto sempre em direção ao sol, e as sombras vão cair atrás de você."

Walt Whitman

LEITURAS COMPLEMENTARES

Change Your Life With CBT: How Cognitive Behavioural Therapy Can Transform Your Life, Corinne Sweet (Pearson, 2010).

Felicidade: A prática do bem-estar, Matthieu Ricard (Palas Athena, 2007).

Felicidade: Lições de uma nova ciência, Richard Layard, (Best*Seller*, 2008).

Inteligência emocional: A teoria revolucionária que redefine o que é ser inteligente, Daniel Goleman (Objetiva, 1997).

Mindfulness Meditation in Everyday Life, Jon Kabat-Zinn (Piatkus, 2014).

Mindfulness — O diário: Companhia indispensável para um dia sem estresse, Corinne Sweet (Best*Seller*, 2015).

Viver a catástrofe total: Como utilizar a sabedoria do corpo e da mente para enfrentar o estresse, a dor e a doença, Jon Kabat-Zinn (Palas Athena, 1997).

Wherever You Go, There You Are: Mindfulness Meditation for Everyday Life, Jon Kabat-Zinn (Piatkus, 1994).

AJUDA

No Brasil, há uma política nacional de apoio à saúde mental. Os equipamentos de referência da RAPS (Rede de atenção psicossocial) são os Centros de atenção psicossocial (CAPS), os Serviços Residenciais Terapêuticos (SRT), os Centros de Convivência (CECOS) e as enfermarias de Saúde mental em hospitais gerais.

Fonte: Brasil. Ministério da Saúde. Secretaria de Atenção à Saúde. Departamento de Atenção Básica. Saúde mental / Ministério da Saúde, Secretaria de Atenção à Saúde, Departamento de Atenção Básica, Departamento de Ações Programáticas Estratégicas. — Brasília: Ministério da Saúde, 2013.
Contato: dab@saúde.gov.br

Abaixo você encontra sites e telefones de referência que podem ajudá-lo nesse caminho de conviver com a ansiedade:

Coordenação Nacional de Saúde Mental, Álcool e Outras Drogas
E-mail: saudemental@saude.gov.br
Telefones: +55 (61) 3315-9144/9140/9143
www.saude.gov.br/mental

Disque Saúde
136
Ouvidoria Geral do SUS
www.saúde.gov.br

Ligue para saber mais sobre os programas de saúde mental e encontrar o atendimento mais próximo de você.

Centro de Valorização da Vida — CVV
188
Atendimento sigiloso 24 horas por dia.
Ligue gratuitamente de qualquer telefone ou acesse o chat em www.cvv.org.br

Terapias Integrativas no SUS
Desde 2006, o Sistema Único de Saúde oferece, especialmente na Atenção Básica, acesso a práticas integrativas complementares como: ayurveda, homeopatia, medicina tradicional chinesa, medicina antroposófica, plantas medicinais/fitoterapia, arteterapia, biodança, dança circular, meditação, musicoterapia, naturopatia, osteopatia, quiropraxia, reflexoterapia, reiki, shantala, terapia comunitária integrativa, termalismo social/crenoterapia e yoga. Para saber mais acesse: dab.saude.gov.br/portaldab/ape_pic/php ou escreva para pics@saude.gov.br.

Notas

Notas

Notas

Notas

Notas

Notas

Notas

Notas

Notas

Notas

Notas

Notas

Corinne Sweet é psicóloga, psicoterapeuta e autora de livros de não ficção incluindo *Change Your Life With CBT*. Jornalista e comentarista de TV, ela é uma figura respeitada no meio da autoajuda e mindfulness é uma de suas áreas de especialidade. Ela também é autora de *Mindfulness: O diário*.

Marcia Mihotich é designer e ilustradora. Alguns de seus clientes são: The School of Life, Donna Wilson e *The Guardian*. Ela mora em Londres.

O TEXTO DESTE LIVRO FOI COMPOSTO NA TIPOGRAFIA BASKERVILLE, EM CORPO 11/14.

PARA TÍTULOS E DESTAQUES, FORAM UTILIZADAS AS TIPOGRAFIAS DK LEMON YELLOW SUN E ABADI.

A IMPRESSÃO FOI FEITA EM PAPEL OFF-SET 90G/M^2 NA GRÁFICA SANTUÁRIO.